# LE GUIDE COMPLET DE L'INVESTISSEMENT NFT

## Découvrez comment tirer profit de la connexion NFT, Metaverse et Crypto Gaming

Wayne Walker

# TABLE DES MATIÈRES

# INTRODUCTION

Bienvenue dans le monde des NFTs (non-fongible tokens) ! Il est difficile, voire impossible, de ne pas avoir entendu parler des NFT. Il s'agit de la nouveauté la plus discutée dans le monde de la crypto et de la blockchain. Comme pour beaucoup de nouvelles choses, il y a beaucoup d'informations et de désinformations flottant autour, ce qui rend difficile d'être sûr de ce qui est vrai et ce qui est juste du bruit. Une chose est sûre, des milliards de dollars sont entrés sur le marché des NFT. Cette explosion de l'activité d'investissement, et ce qu'elle pourrait signifier, est ce que nous allons explorer en détail. Cette exploration comprendra également la visite, l'apprentissage et la connexion des mondes frères des NFT : le métavers et les jeux cryptographiques. En outre, j'ai également inclus mon expérience personnelle de création de NFT vers la fin du livre.

Les opinions actuelles sur les NFT sont tout aussi diverses que celles que nous avons entendues au tout début des crypto-monnaies. Certains pensent que les NFT sont futiles, qu'ils représentent un gaspillage d'argent et qu'ils sont tout simplement déplorables pour l'environnement. Bien sûr, il y en a d'autres qui disent que les NFT sont l'avenir de l'Internet et qu'ils devraient être inclus dans votre portefeuille d'investissement. Ces fans perçoivent les NFT comme un moyen de posséder une partie de Web3*, qui, selon eux, est aussi l'avenir du monde en ligne. Je peux vous promettre que nous allons explorer ce nouveau monde sans battage publicitaire, et qu'à la fin, vous comprendrez clairement comment les NFT peuvent vous être utiles et quels sont les pièges à éviter.

* Web3 est la prochaine ou troisième génération de l'internet, elle est basée sur la technologie blockchain et l'économie basée sur les jetons. C'est encore très nouveau et la définition finale du Web3 pourrait changer après la publication de ce livre.

## Avant d'entrer dans le vif du sujet

Avant de se plonger dans les NFT, on part du principe que vous avez une certaine compréhension de base des concepts de blockchain et de contrats intelligents. En effet, bien que les NFT soient nouveaux, la technologie qui est utilisée pour les créer ne l'est pas. Il est donc important que vous compreniez ces concepts sous-jacents. Si vous avez lu l'un de mes autres livres sur la technologie blockchain, ça ira. Si non, ou si vous avez lu mes autres livres et que vous avez besoin d'une mise à jour, lisez plutôt la section "The blockchain & smart contract cheat sheet" avant de commencer (il ne s'agit que de quelques pages). Je ne tenais pas à la mettre en tête du livre de peur de ralentir ceux qui sont déjà familiarisés avec ces concepts.

# LE PLUS SIMPLEMENT POSSIBLE

Au sens le plus simple, un NFT est une attestation de propriété du jeton en question. Le jeton peut être une œuvre d'art, un jeu, un film, un livre, un service, de la musique, etc. Ils sont programmables et une fois le jeton lancé, vous pouvez savoir qui l'a possédé. Cette information sur la propriété est accessible à partir de l'adresse du portefeuille.

Il convient de préciser dès le départ que lorsque vous achetez un NFT, vous ne recevez normalement PAS l'objet physique ou le droit d'auteur de cet objet. Autre chose, un NFT peut être revendu par ses propriétaires à tout moment et à plusieurs reprises. Toutefois, l'initiateur peut imposer des limites aux plateformes utilisées. Nous reparlerons de ces points plus tard, car ils peuvent être utilisés à votre avantage en tant que créateur.

Les NFT ont offert aux artistes, tels que les musiciens, les peintres et bien d'autres, un nouveau moyen de tirer profit de leurs œuvres créatives. Ils peuvent étendre leurs œuvres d'art au-delà des exemplaires physiques en passant au numérique. Bien que la majorité des collections de NFT appartiennent à des artistes, rien n'empêche un célèbre boxeur de créer un NFT de ses gants de boxe utilisés lors d'un combat de championnat. Il existe maintenant des NFT en tweets que vous pouvez acheter. J'espère que vous commencez déjà à percevoir le caractère ouvert ou fou de ce nouveau monde des NFT.

**Les NFT entrent en scène**

On parle de NFT depuis 2014 et 2015. Le projet Etheria a été présenté au monde entier à Londres lors d'une conférence

Ethereum. Il s'agissait d'une collection de tuiles hexagonales négociables. Après le lancement, pas grand-chose ne s'est passé jusqu'en mars 2021, lorsque l'activité des NFT a commencé à exploser et que, tout à coup, tout le contenu associé au projet a été vendu en 24 heures pour un peu plus d'un million de dollars.

## Comment différencier les NFT des crypto-monnaies ?

Dans l'univers des crypto-monnaies, les choses sont normalisées dans une certaine mesure. Un exemple simple est qu'un Litecoin est équivalent à un autre Litecoin. Un NFT peut représenter des actifs comme une bande dessinée ou même un clip vidéo. Étant donné que les NFT peuvent être créés sur un si large éventail d'actifs sous-jacents, ils ne sont pas fongibles, autrement dit, ils sont difficilement échangeables.

# DES MILLIONS POUR QUOI ?

En 2017, lorsque quelqu'un a proposé 9 millions de dollars pour un NFT issu de la collection CryptoPunk, beaucoup de gens ont probablement cru que c'était le signe d'une fin du monde imminente. Des millions pour une image pixelisée d'un type ordinaire fumant une cigarette ? Eh bien, c'était une offre, et le propriétaire l'a refusée à l'incrédulité générale. Le projet CryptoPunk consiste en des personnages de dessins animés négociables publiés par Larva Labs sur la blockchain Ethereum. Si ce prix vous choque, alors que diriez-vous du prix record du NFT, à l'heure où nous écrivons ces lignes, qui est de 69 millions de dollars pour une œuvre d'art de l'artiste Beeple ? Le monde des jetons non fongibles a évolué et a créé une nouvelle industrie.

De nombreux analystes de marché conventionnels, surtout ceux des marchés boursiers, sont généralement outrés par ces "prix fous". Un analyste boursier se demande généralement sur quoi repose le prix ou sur la valeur intrinsèque d'un actif. Si vous utilisez les méthodes conventionnelles d'évaluation de la valeur d'un actif du marché financier pour évaluer la valeur d'une collection NFT, vous risquez d'aboutir à rien ! Ce marché a ses propres paramètres. Il peut s'agir de la popularité d'un objet sur les médias sociaux, ce qui peut entraîner la peur de manquer quelque chose (FOMO), ou quelque chose d'aussi simple et ancien que l'ego de l'acheteur ou du vendeur.

### Les gens sont prêts à acheter

Ce sont les riches, et non les gens ordinaires, qui constituent le marché cible pour les pièces d'art NFT aux prix insensés. Ce groupe d'acheteurs dépense leur argent d'une manière totalement insensée pour le commun des mortels. Les personnes fortunées n'hésitent pas à dépenser des sommes considérables pour acquérir ce qu'elles considèrent comme un symbole de statut social. Pour certains d'entre eux, s'offrir la collection NFT la plus récente ou la plus branchée est simplement un moyen de signaler à leur réseau et au reste du monde "regardez-moi, je peux faire des choses comme ça parce que je suis tellement riche !". Ce type de clientèle est la motivation de beaucoup de ceux qui se lancent sur le marché de l'NFT à la recherche d'argent facile et rapide grâce aux ventes.

**Plus, croyez-le ou pas**

Deux événements que j'ai dû vérifier plusieurs fois parce que j'avais du mal à y croire.

1 - Il existe déjà un musée consacré aux NFT aux États-Unis.

2 - En début 2022, le gouvernement britannique a révélé qu'il prévoyait de frapper* son propre NFT. Ils ont déclaré que cela faisait partie de leur plan pour devenir le leader du secteur de la crypto. Le ministre britannique des Finances a demandé à la Royal Mint, l'agence gouvernementale chargée de frapper les pièces, de frapper et d'émettre l'NFT. Les influenceurs du secteur n'ont pas été très enthousiastes. Ils n'y voient qu'un coup de publicité pour l'objectif plus large du gouvernement britannique de paraître à la pointe des dernières tendances technologiques.

*Les NFT sont créés par un processus connu sous le nom de frappe de monnaie. Nous y reviendrons dans le prochain chapitre.

# QU'EST-CE QUE VOUS POSSÉDEZ ?

I y a actuellement un malentendu entre de nombreux nouveaux acheteurs et fans de NFT sur ce que l'on possède quand on a un jeton. S'il est vrai qu'ils sont uniques, dans le sens où le jeton que vous possédez n'a pas de jumeau. Certains vendeurs de NFT, délibérément ou par méconnaissance, donnent aux nouveaux participants du marché et surtout aux acheteurs potentiels l'idée qu'ils possèdent directement ou partiellement l'actif sous-jacent, par exemple un livre ou une œuvre d'art. Contrairement à d'autres objets physiques, si je vous vends ma voiture, une fois le titre de propriété transféré, vous en êtes propriétaire à 100 %, alors qu'un NFT, comme nous l'avons déjà défini, ne prouve que la propriété de ce jeton.

Un autre point que de nombreux nouveaux acheteurs sur le marché des NFT négligent ou comprennent mal est que votre achat n'empêche pas le vendeur de créer d'autres NFT de celui que vous avez acheté.

**Un exemple concret de propriété mal comprise**

En 2022, une DOA (Organisation autonome décentralisée) a acheté pour 2,66 millions d'euros un exemplaire d'un célèbre livre de science-fiction en pensant qu'elle en détiendrait les droits d'auteur et qu'elle en ferait un NFT. Il n'a pas fallu longtemps pour que les internautes leur rappellent que ce n'est pas ainsi que les choses fonctionnent avec les NFT. Il s'agit d'un nouveau rappel pour les acheteurs et les vendeurs que les NFT étant encore nouveaux, plusieurs aspects juridiques restent sans réponse.

## Le monnayage, de quoi s'agit-il et comment cela fonctionne-t-il ?

Les NFT sont créés par un processus connu sous le nom de "minage" sur une blockchain. Votre NFT est lié à un contrat intelligent et ce lien est permanent... c'est-à-dire pour toujours. Le contrat intelligent avec lequel l'NFT est généré est exécuté, et l'NFT est écrit sur la blockchain.

Ethereum est la blockchain la plus populaire pour le monnayage et ceci est principalement dû à sa popularité auprès des développeurs. Pour éviter toute confusion, je tiens à préciser qu'il est possible de monnayer des NFT sur d'autres blockchains qu'Ethereum.

## Gaz

L'exécution de votre contrat intelligent et la frappe d'un NFT sur une blockchain comme Ethereum ont des coûts. Ces frais sont connus sous le nom de frais de gaz. Si vous voulez acheter un NFT avec de l'ETH (Ether) ou si vous voulez le miner ensuite, des frais de gaz seront facturés. Sur la blockchain d'Ethereum, le prix est calculé en Gwei, la plus petite unité d'Ether. Le montant que vous payez dépend principalement de la complexité de votre transaction. La quantité de trafic sur le réseau au moment de votre transaction joue également un rôle. Pour économiser les frais de gaz, vous voudrez rester simple, mais ce n'est pas toujours la meilleure solution en fonction de votre NFT. Les différentes plateformes facturent des frais de gaz différents et les différences peuvent être considérables. Faites vos recherches avec soin avant de commencer vos projets.

Les frais d'essence pour frapper un NFT sur les plates-formes vont de 3 $ pour une journée tranquille à 30 $ pour une journée avec beaucoup de trafic. En moyenne, les gens paient 15 $ de frais. Si vous monnayez occasionnellement, pour la plupart des gens, les frais ne seront pas un problème. Si vous entrez dans la catégorie de ceux qui font du commerce, vous pouvez facilement voir comment les frais d'essence peuvent devenir un problème commercial en raison des dépenses.

**La course au gaz**

Les guerres du gaz sont une caractéristique étrange des NFT. Il y a une guerre du gaz lorsque des milliers de personnes tentent d'acheter un NFT. Ces frais peuvent atteindre des niveaux insensés lorsque des personnes surenchérissent sur leurs concurrents afin de s'assurer que leurs transactions seront traitées plus rapidement que les autres. La guerre dure rarement longtemps, en moyenne quelques minutes, mais cela suffit pour que vous utilisiez une somme d'argent substantielle pour obtenir votre NFT préféré. Combien ? Cela peut être 4 000 $, un peu moins, ou beaucoup plus.

**De l'essence gratuite ?**

Le problème des frais d'essence peut devenir une chose du passé, du moins lorsqu'il s'agit de créer des NFT. Il existe des plateformes qui vous permettent de frapper un NFT gratuitement. OpenSea, la place de marché NFT la plus populaire, dispose d'un outil appelé Collection Manager qui permet aux utilisateurs de créer et de vendre des NFT sans avoir à payer de frais d'essence. Comment cela peut-il avoir un sens commercial si les créateurs ne paient pas de frais ? C'est l'acheteur qui paie les frais lorsqu'un NFT est vendu.

D'après leur site web, ils appellent ce processus "lazy minting". Ce procédé de frappe paresseuse, bien qu'il soit une bonne chose, notamment pour les personnes disposant d'un budget serré, a également créé une nouvelle série de problèmes... les faux NFT. Nous reviendrons sur cette question lorsque nous nous pencherons plus en détail sur les défis auxquels le secteur est confronté en matière de fraude.

**Quelle est la meilleure blockchain pour le monnayage ?**

La propriété ou le caractère unique de votre NFT est lié à la blockchain sur laquelle il a été frappé. Certaines places de marché proposent à leurs clients de choisir entre plusieurs blockchains pour le processus de frappe. Cela peut conduire au dilemme suivant : différentes personnes frappent le même NFT sur différentes blockchains, ce qui signifie qu'il y a plusieurs originaux ou débuts sur le marché. Dans cette situation, qui peut décider quelle blockchain est la meilleure ?

Autre point à considérer, les places de marché ne sont pas obligées d'accepter tous les tokens. Votre NFT de Tezos (ou de toute autre blockchain) ne garantit pas son acceptation sur toutes les autres places de marché.

**Est-il possible d'acheter un NFT sans ETH ?**

Certaines plateformes vous permettent d'acheter avec de l'argent fiat*. Cependant, la majorité d'entre elles vous demanderont d'utiliser de l'ETH (Ether) lorsque l'NFT fait partie d'une vente aux enchères ou d'une revente.

*La monnaie fiduciaire est une monnaie émise par un gouvernement, par exemple, le dollar américain, le réal brésilien, le złoty polonais, etc.

# MENACES POUR L'ENVIRONNEMENT

La quantité d'énergie consommée dans l'écosystème des NFT est une source de controverse depuis le début. Cette critique s'applique également au monde des crypto-monnaies en général. Pour les défenseurs des crypto-monnaies, la critique dépend de l'année dont on parle. Le cas de l'utilisation inefficace de l'énergie aurait pu être argumenté avec plus de force il y a plusieurs années, mais plus maintenant.

La communauté blockchain dispose déjà de groupes qui travaillent à rendre les plateformes plus respectueuses de l'environnement. Il existe aujourd'hui des réseaux de blockchain qui sont beaucoup plus efficaces sur le plan énergétique qu'Ethereum, par exemple le réseau Solana. À l'avenir, Ethereum prévoit une mise à niveau de sa blockchain qui utilisera beaucoup moins d'énergie dans le processus d'extraction. La réduction dont j'ai pris connaissance au cours de mes recherches est que le réseau amélioré utilisera 90 % d'énergie en moins.

Beaucoup de ceux qui insistent sur les effets néfastes des cryptomonnaies et des NFT sur l'environnement se demandent rarement quelle quantité d'énergie les bourses du monde entier utilisent. Qu'en est-il des banques dans le monde ? J'ai travaillé dans le secteur bancaire traditionnel pendant des décennies, et je peux vous dire d'expérience que nous consommions beaucoup d'énergie. Des comparaisons plus oubliées : La consommation d'électricité des NFT par rapport à l'écosystème bancaire constitué du système SWIFT et de leurs guichets automatiques dans le monde.

## Nouvelles optimistes sur l'environnement cryptographique

Deux entreprises, Blockstream (Canada) et Block (États-Unis), ont commencé à travailler sur une mine de bitcoins alimentée par des panneaux solaires et des batteries au Texas, en utilisant la technologie de la société Tesla. Le PDG de Blockstream, Adam Back, a fait cette déclaration lors d'une conférence sur le bitcoin en avril 2022. L'objectif de leur projet est de fournir la preuve de concept d'une exploitation minière de bitcoins alimentée à 100 % par des énergies renouvelables. Il comprendra également un tableau de bord public que vous pourrez consulter en temps réel, un rapport entre les bitcoins minés et la puissance produite, impressionnant ! A ce jour, c'est l'un des projets de crypto mining respectueux du climat les plus ambitieux que je connaisse. Je ne serais pas surpris de lire bientôt que certaines entreprises unissent leurs forces pour faire quelque chose de similaire spécifiquement pour les NFT.

## Des rapports plus détaillés sont nécessaires

Mon dernier point sur cette question est que, dans toutes les revendications de gaspillage d'énergie, j'attends de lire un rapport qui fournit une analyse détaillée des sources d'énergie des mineurs de crypto privés, des mineurs NFT et d'autres acteurs de la crypto. Savons-nous combien de mineurs et de mineurs utilisent des énergies alternatives ? Par exemple, combien de mineurs tirent leur énergie de l'énergie éolienne, solaire ou d'autres formes d'énergie renouvelable ? Beaucoup d'entre eux le font, et pas seulement les deux grandes entreprises que vous venez de lire. Il y en a aussi d'autres, de leur propre initiative, qui compensent entièrement leur consommation moyenne de CO2 (dioxyde de carbone) sur leur blockchain pour devenir climatiquement neutres.

# ARNAQUES ET MENACES

Malheureusement, les escrocs voient dans les NFT un nouveau marché pour leurs astuces. Les personnes connues et moins connues ont vu leurs comptes piratés. Par exemple, OpenSea a été piraté pour près de 2 millions de dollars au printemps 2022. Les escrocs ont pris les jetons des portefeuilles des propriétaires légaux avec une attaque de phishing.

Quelle est la gravité de la situation en matière de faux et de tromperie dans les NFT ? Elle est si mauvaise que la plus grande place de marché du secteur, OpenSea, a admis que la majorité des NFT créés sur la plateforme, ceux qui sont créés gratuitement, sont des copies d'œuvres d'autres personnes ou tout simplement des fraudes. Ils ont tweeté "Plus de 80% des éléments créés avec cet outil étaient des œuvres plagiées, de fausses collections." L'outil auquel ils faisaient référence est leur programme de monnayage gratuit qui a été décrit précédemment comme du monnayage paresseux.

Il y a eu d'autres escroqueries où les artistes n'ont pas livré le contenu promis aux acheteurs, en gros ils ont partiellement livré les projets NFT. Outre cette escroquerie, il y a l'activité bien connue et de bas niveau de la vente de faux. Il peut s'agir d'images volées ou du téléchargement et de la vente de fichiers dont vous n'avez pas les droits de propriété intellectuelle. Il est arrivé que certaines œuvres d'artistes, qu'ils ne voulaient pas voir transformées en NFT, soient proposées à la vente. Il peut aussi arriver que quelqu'un vende un faux à côté d'une œuvre authentique sur la même place de marché. Vous pouvez faire une recherche en ligne sur Twitter sous "NFTtheft", ou d'autres sources pour trouver de nombreuses histoires de cette folie.

L'essentiel est que les projets contrefaits n'ont évidemment aucune valeur pour les nouveaux propriétaires qui n'ont aucun moyen de récupérer leur argent, et que cela nuit au marché NFT au sens large.

## Wash trading

Le wash trading est probablement l'astuce que la plupart des fraudeurs utilisent actuellement. Il s'agit de comptes contrôlés par une personne ou une entité qui échangent entre eux pour donner l'impression qu'il y a une forte demande pour un NFT afin de pouvoir le vendre plus rapidement et à un prix plus élevé. Cette technique est légèrement apparentée à l'astuce du "pump and dump", bien connue dans les transactions boursières.

## Propriété ou possession

Les places de marché devront, tôt ou tard, s'attaquer à la question de la différence essentielle entre posséder un jeton et être le propriétaire d'un jeton. La plupart des places de marché fonctionnent encore selon le principe que le compte qui possède le jeton en est le propriétaire. De nombreux acteurs du secteur souhaitent que l'accent soit mis sur la propriété légale. La différence est subtile, mais très importante. Dans le monde réel, si je pars en vacances et que vous entrez par effraction dans ma maison et commencez à y vivre, vous n'êtes pas légalement propriétaire de ma maison. Vous occupez ma maison, mais le titre légal de propriété reste le mien.

## Les marchés peuvent mieux faire

Je peux facilement comprendre que les personnes qui ne suivent pas de près le marché du NFT puissent avoir l'impression que les marchés sont un véritable Far West où tout est permis. La réalité est un peu plus nuancée. Actuellement, les places de marché NFT suivent les mêmes règles DMCA (Digital Millennium Copyright Act) que tout autre site Web de contenu, par exemple la plateforme YouTube. Le DMCA interdit le téléchargement, l'utilisation ou le partage de contenus dont vous n'êtes pas légalement propriétaire. Ces contenus sont généralement des vidéos, des photos et de la musique. Les personnes qui enfreignent les directives DMCA peuvent être contraintes de retirer le matériel de leur site.

Les places de marché deviennent plus agressives dans leurs efforts pour se débarrasser des escrocs et des mauvais acteurs, mais elles doivent faire beaucoup plus. À mon avis, elles ont été trop lentes et trop faibles. Elles peuvent également accroître le contenu éducatif mis à la disposition des acheteurs. J'ai récemment lu qu'une des nouvelles galeries hors ligne pour les NFT offrait aux acheteurs un accès à des experts dans les domaines de l'art, de la finance et de la technologie pour les aider dans le processus d'achat. C'est un bon début.

# PROTÉGER VOTRE COMPTE

La liste que j'ai établie est vraiment un bon point de départ. Vous pouvez toujours créer des stratégies plus compliquées à mesure que votre besoin de sécurité augmente. Je peux affirmer sans crainte de me tromper que si vous appliquez les principes de base décrits dans les paragraphes suivants, vous êtes sur la bonne voie.

## Utilisez un gestionnaire de mots de passe et évitez de recycler les mots de passe

La réutilisation des mots de passe est probablement la principale faiblesse de la plupart des gens en matière de mots de passe. Avoir les mêmes mots de passe sur plusieurs sites Web est très risqué. Beaucoup d'entre nous le font, mais nous devons résister à l'envie, car nous savons aussi que si quelqu'un obtient votre mot de passe, il peut vous attaquer de plusieurs points. L'utilisation d'un gestionnaire de mots de passe comme LastPass ou tout autre bon gestionnaire peut faciliter le processus de sécurité.

## Ne pas cliquer sur des liens inconnus

Il ne faut jamais cliquer sur des courriels, des images, etc. provenant de sources inconnues. C'est un moyen courant pour les gens de perdre leurs NFTs. En général, vous ne devez pas cliquer sur des liens provenant de sources inconnues ou indignes de confiance, qu'il s'agisse de NFT ou non.

## Votre phrase secrète de récupération... reste secrète !

La phrase secrète de récupération de votre portefeuille est réservée à vous seul, elle ne doit PAS être partagée avec qui que ce soit. Cela inclut les meilleurs amis, les conjoints, etc.

Outre ces conseils, de nombreuses vidéos circulent sur Internet avec des stratégies encore plus avancées, mais n'oubliez pas que la complexité peut être l'ennemi de la réussite.

# LE MÉTAVERS

Mais qu'est-ce que le métavers ? Les NFTs sont nouveaux et maintenant le metaverse est le plus récent ensemble de mots à faire tourner la tête des gens. Récemment, lors d'un dîner avec des amis, après avoir passé 15 minutes à expliquer les NFTs, ils m'ont demandé ce qu'était le metaverse, et je leur ai simplement répondu "lisez mon livre". J'ai dit cela parce que pour bien comprendre le métavers, il faut comprendre d'autres concepts. Cependant, puisque vous lisez mon livre, vous obtiendrez l'explication complète.

Ce qu'il faut savoir avant tout, c'est qu'il existe plusieurs mondes virtuels métavers. Les différentes entreprises, pour des raisons évidentes, pourraient vouloir faire croire au public qu'il n'y en a qu'un seul... le leur ! Mais il n'y a pas qu'un seul métavers. Decentraland et Sandbox font partie des mondes virtuels les plus connus. D'autres mondes sont en cours de développement à l'heure actuelle, dont un pour les enfants.

**Les avatars**

Avant de continuer, une brève explication sur les avatars est impérative. Je présumais que tout le monde était familier avec le concept des avatars. Après plusieurs lectures-tests de ce chapitre par quelques amis, ces derniers ont eu la gentillesse de me signaler mon erreur.

Les avatars sont des représentations à l'écran, généralement de vous-même, du monde réel qui vous représente dans le monde virtuel. Selon la plate-forme et vos goûts, l'avatar de votre personnage peut être aussi proche ou aussi différent de votre image dans la vie réelle que vous le souhaitez. Si vous êtes petit dans la vie réelle mais que vous voulez ressembler à un grand basketteur, c'est possible. La principale exigence de la plupart des plateformes est que l'image de cet avatar doit être de type humain. En d'autres termes, vous ne pouvez pas vous transformer en dragon crachant du feu.

Comme vous venez de le lire, les avatars sont normalement des représentations de vous-même, mais vous pouvez également créer l'avatar d'une personne issue de votre imagination. Un exemple discuté ou semi-controversé, est que sur les médias sociaux, l'un des modèles les plus suivis est un avatar féminin créé par un homme.

### Le Metaverse suite

Le métavers est un ensemble de plusieurs composants qui se réunissent pour former une expérience. Les éléments essentiels sont les avatars, les casques de RV (réalité virtuelle)* et la propriété numérique. Je dois admettre que cette collection de composants peut et va probablement changer.

Grâce aux avatars, vous pouvez rencontrer d'autres avatars dans ces mondes virtuels pour faire des achats, vendre une propriété ou participer à un concert. L'un des objectifs du métavers est de pouvoir faire en ligne des choses que vous faites normalement dans le monde réel. Votre activité habituelle dans la vie réelle comprend le travail, les rencontres avec les amis, les loisirs, etc. En utilisant les plateformes de métavers, vous aurez l'impression d'être là, de faire ces activités, sans y être réellement.

Un autre objectif des mondes virtuels est de vous faire sentir si complètement immergé que vous aurez du mal à partir. Pour cela, les développeurs doivent rendre l'expérience aussi riche graphiquement et sensoriellement que possible et je peux vous promettre qu'ils y travaillent. Il y a même un monde qui permet aux avatars de se marier entre eux ! Les mariages d'avatars sont une idée mignonne, mais ce n'est pas ce qui attire les entreprises. Ce qui les attire le plus, c'est qu'elles ont la possibilité de créer des services ou des contenus commerciaux qui peuvent être échangés virtuellement et qui peuvent ensuite être convertis en argent réel.

*La réalité virtuelle (RV) est une expérience sensorielle riche générée par ordinateur, avec des scènes (images, sons) si réalistes que vous avez l'impression de les vivre réellement. Vous accédez normalement à la RV avec des casques spécialement conçus.

## Ce phénomène n'est pas tout nouveau

Pour ceux qui s'en souviennent encore, Linden Lab a lancé en 2003 son monde virtuel appelé Second Life. On pouvait créer des avatars et interagir avec d'autres avatars dans sa seconde vie. Cette histoire me touche particulièrement car la banque où je travaillais à l'époque a fait un pari financier sur Second Life et a investi beaucoup d'argent pour être présente dans ce monde virtuel. Elle a engagé du personnel supplémentaire et organisé une fête de lancement exceptionnelle. Les résultats ? Malheureusement, le projet a échoué lamentablement. Pourquoi ? Le public ne s'est pas montré suffisamment intéressé pour que le projet soit rentable. Cependant, le monde virtuel Second Life existe toujours.

## Pourquoi maintenant ?

Nous avons vu que le concept de monde virtuel n'est pas nouveau, alors pourquoi une telle effervescence aujourd'hui ? La réponse est que les technologies nécessaires pour passer au niveau supérieur sont enfin disponibles. Il s'agit notamment des blockchains, des casques VR améliorés et, bien sûr, des NFT, qui peuvent être intégrés dans le métavers. Il est déjà possible de posséder des objets dans les mondes virtuels, mais avec l'application de la technologie blockchain, prouver la propriété des actifs virtuels est plus sûr et semble plus réel pour les propriétaires.

De nombreuses régions du monde sont également plus ouvertes à un style de vie virtuel rendu possible par les différentes plateformes de rencontre en ligne, ainsi que par l'explosion du travail à distance et la tendance au travail à domicile. Les gens organisent maintenant des dégustations de vin virtuelles, chose à laquelle je n'aurais même pas envisagé de participer il y a quelques années. J'ai récemment participé à l'une de ces soirées.

## Le défi des voyages inter-métavers

Avant que le concept de métavers ne soit plus adopté par le public, certains acteurs du secteur estiment que les utilisateurs doivent avoir la possibilité de voyager facilement entre les différents mondes virtuels des métavers. Pour que ces voyages inter-métavers soient réalité, il faudra que des normes soient adoptées. L'existence d'une norme metaverse vous permettra de voyager avec vos biens numériques et votre avatar d'un metaverse à l'autre sans les perdre.

Peut-être créeront-ils des normes pour les métavers similaires à la norme sur l'électricité qui existe dans l'Union européenne. Par exemple, un résident polonais qui se rend en Espagne peut brancher son ordinateur, recharger son smartphone, etc. sans aucun problème, car les normes relatives aux prises électriques sont les mêmes dans toute l'Union européenne. En comparaison, un résident des États-Unis voyageant en Europe aurait besoin d'un adaptateur électrique de voyage pour utiliser les prises électriques en Espagne.

Avant de pouvoir lancer un voyage inter-métavers, les différents mondes métavers devront également résoudre les défis techniques et de propriété intellectuelle évidents que la mobilité inter-métavers exigerait.

**Voulons-nous échapper à la réalité ?**

C'est peut-être le défi le plus difficile à relever pour les entreprises, celui de convaincre les gens qu'ils doivent participer au métavers. Que nous devons passer moins de temps dans la vie réelle et plus de temps dans une vie virtuelle, même si celle-ci est sensoriellement très réaliste. L'une des critiques fréquentes du métavers est qu'il s'agit surtout d'un moyen pour la classe moyenne ou les riches d'échapper à la réalité. La vérité est que la plupart des habitants du monde n'ont pas ce luxe d'éteindre la réalité lorsque le loyer arrive à échéance. Sans compter que dépenser de l'argent réel pour acheter des terres virtuelles, etc.

dans le métavers signifie que votre vie est confortable. Dans ce monde, le terrain virtuel situé à côté de la maison de certaines célébrités, dans le métavers, peut coûter plus cher qu'un terrain réel. Imaginez que vous deviez expliquer à un enfant, ou à n'importe qui d'autre, que vous n'avez pas les moyens d'acheter une maison dans un monde qui n'existe pas !

À l'heure actuelle, les cas d'utilisation du métavers par les consommateurs (jeux, expériences virtuelles, art, rencontres, etc.) sont clairement une bonne chose à avoir et non une nécessité. Je terminerai par un petit avertissement : beaucoup de gens ont dit la même chose des médias sociaux lorsqu'ils sont apparus. Si pour moi les médias sociaux ne sont pas un besoin, je connais suffisamment de personnes qui, pour elles et leurs cercles sociaux, sont devenues nécessaires.

# JEUX : SOYEZ PAYÉ POUR JOUER !

es jeux NFT, une énorme partie de l'écosystème NFT, se développent plus rapidement que ce que même leurs fans auraient pu imaginer. En 2021, ce marché, mesuré par les achats en jeu, représentait 5,1 milliards de dollars. Il s'agit du 2e plus grand secteur NFT basé sur le volume global des ventes NFT. Ce monde du jeu n'est pas ce à quoi beaucoup de gens pensent lorsque les jeux leur viennent à l'esprit. La façon traditionnelle dont les jeux fonctionnent est que les joueurs paient pour jouer à un jeu et même si celui-ci est gratuit au départ, ils doivent normalement payer pour accéder à certains niveaux ou rangs.

Dans cette nouvelle version des jeux, les joueurs gagnent de l'argent en jouant, ce que l'on appelle souvent le "play-to-earn" (P2E). Une autre façon de l'expliquer est que dans l'univers NFT, c'est votre temps qui est payé. Cela peut sembler insensé à certains qui s'interrogent sur l'idée de payer quelqu'un pour s'adonner à son hobby de jouer à des jeux, mais c'est bien réel. Pour décrire cette tendance, les gens parlent de GameFi, qui n'est que le mélange des mots jeu et finance. En pratique, il s'agit d'un monde virtuel où la blockchain, les NFT, le jeu et les crypto-monnaies se rencontrent.

## Comment les joueurs gagnent-ils de l'argent ?

Pour gagner de l'argent, le moyen typique consiste à accomplir certaines tâches dans le jeu pour améliorer son classement. Pour la plupart des joueurs, c'est surtout sans risque, mais il existe des jeux où vous pouvez perdre de l'argent car vous devez payer avant de jouer. Vous pouvez perdre cet argent si vous arrêtez de jouer avant d'avoir atteint le niveau ou le rang requis pour le paiement.

Dans les jeux NFT, les joueurs utilisent des objets numériques à collectionner ou des actifs dans le jeu qu'ils peuvent vendre à d'autres joueurs. Ces biens peuvent être des terrains virtuels, des personnages, des armes, des animaux et bien d'autres choses encore. Certains joueurs ambitieux commencent même à utiliser leurs gains en crypto-monnaies pour le jalonnement NFT afin d'étendre leurs revenus encore plus loin. Le jalonnement vous permet de tirer un revenu supplémentaire de vos NFT sans avoir à renoncer à vos droits de propriété.

**Les meilleurs jeux actuels**

Axie Infinity - Les joueurs collectionnent des monstres fantastiques NFT qu'ils peuvent échanger sur la place de marché du jeu.

Sorare - Pour les fans de football fantastique (soccer). Vous constituez une équipe de vos joueurs préférés et obtenez des récompenses en fonction de leurs performances lors de matchs réels.

Evolution Land - Les joueurs achètent des terrains et construisent des bâtiments.

**Réponse des développeurs de jeux**

Comme pour tout ce qui est NFT, le marché est encore nouveau et d'après les données disponibles, la majorité de la communauté des joueurs en dehors du monde NFT n'est pas encore totalement convaincue des avantages des NFT dans les jeux. Selon l'enquête de la 2022 Game Developers Conference, la majorité, soit 70 %, n'est pas intéressée.

# OUBLIEZ LES GAINS FACILES ET RAPIDES

Il est possible de faire un bon investissement avec les NFT, mais de nombreux investisseurs découvrent rapidement que ce n'est pas aussi facile que certains le laissent entendre. La majorité d'entre eux perdent de l'argent, et les œuvres des collections NFT qui se vendent à des millions de dollars ne sont absolument pas la norme. Les données que j'ai consultées révèlent que près de 60 % d'entre eux ne gagnent pas d'argent.

Les ventes de millions de dollars qui attirent l'attention représentent en réalité environ 1 ou 2 % du marché. La plupart des jetons se vendent pour quelques centaines de dollars. Dès le début, les NFT ont été présentés comme un moyen pour les artistes de tirer encore plus de profit de leurs œuvres créatives. D'après les recherches que j'ai pu effectuer, une grande partie des bénéfices va actuellement aux traders et non aux artistes.

## Certains voient des bulles

Les nouveaux participants au marché oublient parfois que le marché NFT est similaire aux autres marchés, dans le sens où les prix fluctuent et ne montent pas toujours. Il y a tellement de bruit en ce moment autour des ventes record que les gens oublient que les prix ont baissé pour certaines des collections NFT les plus connues. Certains analystes pensent qu'il existe des bulles de prix sur le marché. C'est peut-être le cas, mais avec les NFT, il est difficile de décider quand il y a une bulle. En réfléchissant à mon expérience avec le bitcoin et d'autres crypto-monnaies, les bulles de prix étaient un argument que j'ai souvent entendu. À chaque fois, les détracteurs avaient tout faux. Comme nous l'avons déjà appris, il n'existe pas de norme universellement reconnue pour attribuer une valeur à un NFT. Ce n'est pas comme les actions où l'on peut trouver les bénéfices de l'entreprise, le pipeline de produits, le potentiel de croissance, etc. Le conseil immédiat pour tout lecteur est de n'investir qu'avec du capital-risque, de l'argent, que si vous le perdez, rien de sensiblement mauvais n'arrive à votre vie financière.

**L'horreur de la revente NFT**

L'une des plus grandes ventes dans le monde NFT est devenue l'une de ses reventes les plus basses. L'investisseur en crypto-monnaies Sina Estavi a attiré l'attention des médias en 2021 lorsqu'il a payé 2,9 millions de dollars pour un NFT du premier tweet de Jack Dorsey, le cofondateur de Twitter.

Estavi a tenté de revendre ce NFT en 2022 en demandant 48 millions de dollars et les meilleures offres n'étaient que de quelques centaines de dollars. Oui, vous avez bien lu, il a payé des millions de dollars et les meilleures offres qu'il a reçues étaient de quelques centaines de dollars. Il a ensuite tenté une autre revente sans prix demandé et les offres, bien qu'améliorées, se sont soldées par un décevant 6 800 dollars. Il aurait déclaré : "L'NFT n'est pas qu'un simple tweet, c'est la Mona Lisa du monde numérique." À ce jour, d'après les offres reçues, les acheteurs ne partagent pas son enthousiasme ni son opinion sur l'NFT. Nous pouvons convenir qu'il s'agit d'un exemple extrême de la volatilité des NFT, mais c'est un autre rappel de la nature spéculative du marché.

# GESTION DES RISQUES NFT

Avant de passer à la négociation ou à l'investissement dans les NFT, il faut que votre système de gestion des risques soit au top. Compte tenu de ma formation bancaire, je les classerais pour mes clients dans la catégorie des investissements alternatifs. Ce marché comporte plus de risques que d'autres, ce qui signifie que vos profits potentiels devraient également être supérieurs à la moyenne avec tout NFT que vous envisagez d'acheter. Ce n'est pas seulement mon avis, mais celui de toute personne familière avec la gestion des risques. J'ai expliqué précédemment en détail plusieurs des risques liés à ce marché, mais je crois toujours qu'il existe des opportunités. La règle la plus importante pour acheter un NFT est de n'utiliser que du capital-risque. Compte tenu de la taille de votre portefeuille, vous pouvez ensuite copier certaines des techniques que nous allons aborder et qui sont utilisées par ceux qui gagnent de l'argent avec les NFT.

# COMMENT LES MEMBRES GAGNENT DE L'ARGENT

Nous savons que beaucoup d'investisseurs ne gagnent pas d'argent sur ce marché. Dans ce chapitre, je vais partager avec vous les stratégies utilisées par ceux qui produisent des profits NFT.

## Les listes blanches des initiés

Avant le lancement d'un nouveau NFT, les créateurs essaient d'entrer en contact avec le plus grand nombre possible de promoteurs. Ces promoteurs peuvent être des influenceurs de médias sociaux, des stars du sport, ou toute personne ayant une énorme base de fans. Les créateurs permettent ensuite aux promoteurs d'acheter l'NFT à un prix très réduit avant le lancement ou même d'en donner. Ces listes d'investisseurs précoces sont appelées listes blanches.

Les promoteurs de la liste blanche réalisent souvent des bénéfices de plus de 100 % en revendant leurs NFT après le lancement. Évidemment, ces gains ne sont possibles que s'ils font leur promotion correctement. La leçon pour les lecteurs, si possible, essayez de vous assurer une place sur ces listes blanches d'investisseurs spéciaux.

## Collections

Les initiés ont tendance à se concentrer sur les collections. Il s'agit d'un groupe de NFT qui ont le même créateur et partagent certaines similitudes. La majorité du trafic et de l'intérêt du marché se concentre sur un nombre relativement restreint de collections. En 2022, il y avait près de 80 000 collections sur le marché, ce qui n'est pas un chiffre énorme, mais c'est la croissance par rapport à environ 15 000 l'année précédente. Les données de nonfungible.com montrent que les collections représentent près de 60 % des ventes de NFT. Deux des collections les plus populaires sont CryptoPunks et Bored Ape Yacht Club. Les ventes de ces deux collections se chiffrent en milliards de dollars... pour des images en pixels !

## Acheter plus et diversifier davantage

Les investisseurs gagnants dans le monde NFT dépensent beaucoup plus d'argent. Les gagnants NFT peuvent réaliser des bénéfices plus importants en achetant un projet sur le marché secondaire pour 15 000 dollars et en le revendant plus tard pour 20 000 dollars. Ils auront également, en moyenne, plus de NFT et plus de variété dans leurs collections. Je suis conscient du fait que cette stratégie ne convient pas forcément à tout le monde. Les gens ne sont pas toujours dans une situation financière leur permettant de dépenser 15 000 $ pour un NFT, surtout quand il s'agit d'une classe d'actifs encore inconnue.

## Utiliser les NFT comme garantie pour les prêts

Ce paragraphe, s'il avait été écrit il y a quelques années, aurait fait rire mes amis ou mes lecteurs. Oui, il est désormais possible d'obtenir un prêt sur la base de la valeur de votre collection de NFT. Pour une classe d'actifs aussi nouvelle et spéculative, lorsque j'ai entendu parler des prêts NFT, ma première pensée a été que ce devait être une blague. Je peux confirmer que ce n'est pas une blague, il y a plusieurs sites web qui vous permettent de le faire.

L'un des sites les plus populaires qui offre ce type de service est nftfi.com.

Une fois le prêt approuvé, les fonds cryptographiques peuvent être utilisés pour acheter d'autres NFT ou investir dans d'autres projets cryptographiques qui peuvent ensuite être convertis en monnaie fiduciaire. Le montant de prêt le plus élevé approuvé, à ma connaissance, était de 8 millions de dollars.

**Le jalonnement NFT**

Le jalonnement NFT consiste à engager vos jetons sur une plateforme pour obtenir des récompenses. En termes plus clairs, le jalonnement vous permet de tirer un revenu supplémentaire de vos NFT sans avoir à renoncer à votre propriété. Le concept de jalonnement n'est pas nouveau, il s'agit d'une pratique relativement courante avec les crypto-monnaies.

Le jalonnement offre une nouvelle opportunité pour les collectionneurs de gagner un revenu passif de leurs collections. Les NFT ne sont pas la classe d'actifs la plus liquide, donc pour ceux qui investissent à long terme, cela peut être une activité secondaire intéressante.

**Comment le jalonnement est-il rémunéré ?**

Le processus de jalonnement des NFT est similaire à celui des crypto-monnaies. Vos jetons sont bloqués dans un pool de jalonnement où ils sont utilisés pour aider à confirmer les transactions. Vous êtes récompensé lorsque vos jetons sont utilisés pour des confirmations. Le calendrier des récompenses diffère d'une plateforme à l'autre. Certaines proposent des récompenses hebdomadaires, d'autres sont même quotidiennes.

Vous êtes normalement payé dans le jeton natif de la plateforme. Ce paiement sera basé sur le taux annuel en pourcentage (TAEG) fixé par votre plateforme. La base sur laquelle ils fixent le taux est aussi différente que les plateformes disponibles. Rappelez-vous que vous traitez avec un marché non réglementé, il n'y a pas de régulateurs bancaires disponibles pour fixer des règles.

Un avertissement pour ceux qui veulent essayer le jalonnement : L'éligibilité de votre NFT au jalonnement varie d'une plateforme à l'autre. Tous les NFT ne sont pas éligibles au jalonnement. Par conséquent, il ne suffit pas d'acheter un NFT pour que les revenus passifs commencent à affluer. Vous devrez faire un peu de recherche.

**Comment profiter des NFT sans être un initié ?**

Vous pouvez profiter de l'euphorie des NFT sans être un initié ni même en acheter un. Vous pouvez obtenir une exposition indirecte aux NFT en investissant dans les réseaux de blockchain qui les soutiennent.

Parmi les exemples de blockchains, citons Solana, Cardano, GoChain, Tezos, et bien d'autres. Chacun de ces réseaux a ses propres propositions de valeur. À titre de référence, GoChain s'est fait un nom comme étant la blockchain verte ou la plus respectueuse de l'environnement. Vous pouvez également investir dans les échanges qui les proposent pour diversifier encore plus votre portefeuille.

L'une de mes alternatives préférées est la blockchain Ethereum, qui est utilisée pour de nombreuses choses, des NFT aux smart-contracts. Ethereum a connu une croissance fulgurante par rapport à d'autres plateformes, car sa blockchain est la base de nombreux types d'applications différentes. Les NFT peuvent également être développés sur d'autres plateformes, mais Ethereum reste la base préférée des développeurs de NFT.

Cette façon d'obtenir une exposition indirecte à une classe d'actifs particulière n'est pas une nouveauté que j'ai inventée. C'est quelque chose que je conseille à mes clients depuis des années sur des marchés plus traditionnels. Au lieu d'acheter un contrat à terme sur le pétrole sur le marché des matières premières, vous pouvez acheter des sociétés pétrolières, des sociétés de transport maritime, etc. La base de la stratégie consiste à trouver d'autres acteurs dans l'écosystème de n'importe quel domaine dans lequel vous cherchez à investir. Un exemple de crypto est celui d'une personne qui s'intéresse aux cryptos, mais qui, au lieu d'acheter des bitcoins, achète des actions minières de bitcoins.

# UN NFT FATAL ET D'AUTRES TENDANCES

Nous passerons en revue un projet NFT fatal et quelques tendances que je surveille dans les mondes NFT et métavers.

## NFT de célébrités mortes ?

L'un des projets NFT les plus intéressants ou étranges dont j'ai pris connaissance est Macabris, qui se trouve sur la blockchain Ethereum. Chaque jeton est unique et représente une célébrité spécifique. Les propriétaires de jetons reçoivent une part du paiement mensuel de leur pool de distribution tant que la célébrité sous-jacente est en vie. Et ce n'est pas tout : chaque jeton reçoit un paiement plus important à mesure que d'autres célébrités meurent. Dès qu'un décès dans le monde réel est confirmé, une célébrité est marquée comme morte par son Death Master.

Ce pool de distribution est financé par la vente initiale de jetons et les commissions des ventes ultérieures de jetons. Selon Macabris, pendant l'ICO, 80 % des fonds provenant des jetons vendus seront transférés au pool. Les commissions de transfert de jetons de porte-monnaie à porte-monnaie iront également au pool de distribution.

Ce projet ne convient peut-être pas à tous les investisseurs, mais il illustre le niveau de diversité disponible sur le marché.

## La prochaine vague de NFT ?

Le domaine des NFT que je surveille de près est le marché des livres et des livres audio. En tant qu'auteur, il n'est pas surprenant que je sois curieux des possibilités dans ce domaine. Comme la plupart des auteurs, je lis beaucoup et en tant que lecteur, cela m'intéresse aussi.

Il existe plusieurs plateformes qui permettent aux auteurs de publier et de distribuer leurs œuvres par le biais de NFT et de smart contracts. Ces plateformes fournissent également de nombreux services familiers aux auteurs et aux éditeurs, notamment des données sur les ventes en temps réel (par exemple, le nombre d'exemplaires vendus). Les plateformes permettent également le paiement en monnaie fiduciaire, il n'est donc pas obligatoire d'avoir un portefeuille de crypto-monnaies.

L'utilisation de contrats intelligents permet aux auteurs et autres producteurs de contenu de définir les droits et les limites de leurs œuvres, et selon les sites web, leur application de la technologie permettra de lutter efficacement contre les contrefaçons et autres fraudes numériques. La technologie blockchain sous-jacente relie l'auteur à des œuvres spécifiques qui permettent de vérifier qui est l'éditeur original.

L'utilisation créative des contrats intelligents peut faire passer la vente d'un livre d'ordinaire à extraordinaire. Un auteur peut utiliser les contrats intelligents pour créer une édition collector ou ajouter une invitation à des événements privés hors ligne comme une dégustation de vin ou un atelier gratuit. Les possibilités sont presque infinies en ce qui concerne ce qui peut être inclus.

## Application dans le monde réel

L'entrepreneur Gary Vaynerchuk a fait une offre selon laquelle toute personne achetant 12 exemplaires de son nouveau livre recevrait un contrat intelligent. Le résultat ? Il a obtenu des précommandes pour plus d'un million de livres. Pour être réaliste, tout le monde n'a pas ce type d'audience sur les médias sociaux qui lui permet de vendre autant de livres en pré-commande.

Les statistiques pour les écrivains plus normaux ne sont malheureusement pas aussi rentables. Les statistiques de vente que j'ai vues étaient à un chiffre. Malheureusement, les rapports n'ont pas révélé ce qu'ils ont inclus dans ces NFTs. S'agissait-il seulement de fichiers de base ? Ou incluaient-ils des extras comme l'accès à un événement, ou s'il s'agissait d'éditions limitées, etc. Tant qu'il n'y aura pas un marché secondaire plus solide pour les livres NFT, les incitations financières pour les écrivains moins connus ne sont pas très importantes... pour le moment.

**Un métavers de musées : Des musées qui symbolisent l'excès**

Un métavers pour les institutions artistiques pourrait offrir des possibilités intéressantes que certains musées sont en train d'étudier. J'ai entendu parler d'une idée qui consisterait à proposer des versions symbolisées de leurs collections. Cela se ferait depuis l'emplacement du musée dans le métavers, où il pourrait organiser des ventes et des expositions dans le monde virtuel.

En quoi cela est-il pertinent ? Beaucoup de gens ignorent que, lorsque nous visitons un musée, nous ne voyons qu'une fraction de ses collections réelles*. L'utilisation des NFT pourrait offrir un moyen de monétiser et d'exposer numériquement une plus grande partie des collections qu'ils ont en réserve. Je ne suis pas sûr de la signification juridique ou artistique de cette solution, mais je peux affirmer que de nombreuses personnes explorent ces possibilités.

*J'ai travaillé au MoMA (The Museum of Modern Art) de New York en tant qu'employé d'été pendant mes études universitaires et je peux confirmer que ce que vous voyez lors d'une visite moyenne d'un musée n'est qu'une petite partie de ce qu'ils possèdent..

# QUEL EST L'AVENIR DES NFT ?

Les prochaines étapes pour les NFT ? Je ne le sais pas exactement, mais qui le sait ? Lorsque quelqu'un m'a demandé il y a quelques années ce que je pensais de l'avenir du bitcoin, j'ai eu la même réponse. J'ai répondu honnêtement. Cette inconnue sur ce que nous pouvons attendre dans le futur, pour certains investisseurs, est LE point d'attraction des NFTs. Ce point critique est ce que beaucoup de sceptiques négligent.

Dans les pages qui suivent, je vais vous faire part de ce que je crois être des scénarios futurs probables. Ils s'inspirent quelque peu du modèle de maturité et de croissance du marché observé sur les marchés des crypto-monnaies et autres investissements alternatifs.

## Augmentation des volumes et de la concurrence

Les volumes d'échanges sur les plateformes vont continuer à augmenter. Opensea, la place de marché la plus active pour les NFT, verra une concurrence accrue, surtout après la nouvelle de Coinbase, qui entrera sur le marché avec sa propre place de marché. Beaucoup d'autres entreprises, d'artistes, de fonds d'investissement, d'athlètes professionnels, d'escrocs (triste, mais vrai), et d'autres encore s'impliquent, même le gouvernement britannique.

Le marché des actifs NFT est en pleine explosion. Les ventes ont augmenté de façon spectaculaire, passant d'environ 17 milliards de dollars en 2021 à près de 37 milliards de dollars au moment de la rédaction de ce livre. Ce qu'il est également important de comprendre, c'est que ces chiffres ou d'autres estimations du marché n'incluent souvent pas les ventes dites hors chaîne. Il s'agit des ventes de NFT qui ont lieu dans des galeries privées, sans parler des autres ventes privées non enregistrées par une blockchain. Avec ces types d'incitations financières, de plus en plus d'institutions continueront à entrer sur le marché. Certains grands noms en dehors du monde des crypto-monnaies observent et ont annoncé leurs plans pour entrer sur le marché avec des plates-formes pour répondre aux NFT. Facebook (désormais connu sous le nom de Meta) a annoncé que son monde virtuel dans le métavers supportera les NFT.

L'un des premiers courtiers en marchés financiers à entrer sur le marché est EToro. Leur plateforme de négociation, connue plutôt pour le forex et d'autres classes d'actifs, a récemment lancé un fonds de 20 millions de dollars pour acheter des NFT. Ils ont acheté discrètement des NFT à partir de certaines des collections les plus connues, comme Bored Ape Yacht Club (BAYC) et d'autres. Ils ont également lancé "e-Toro.art", une plateforme NFT qui financera de nouveaux projets en fonction de leur utilité et de leur potentiel global. Selon leur déclaration publique, ils veulent que les utilisateurs de leur plateforme eToro fassent partie de la révolution qu'ils voient venir avec les NFT et Web3.

Comme aux premiers jours des cryptomonnaies, au début tout le monde riait, puis au fur et à mesure que l'on gagnait de l'argent, les gens riaient moins. Les rires ont finalement été remplacés par des questions telles que "comment en savoir plus ?" et "quelle est la meilleure façon de gagner de l'argent avec ça ?".

## Un marché plus diversifié

Je pense que nous verrons un type de client plus diversifié pour les NFT. La plupart des gens ne dépensent pas 300 000 dollars en art numérique. Cependant, entre 0 et 300 000 dollars, il y a une grande marge de manœuvre. La personne qui n'est pas disposée à dépenser 100 000 $ pourrait dépenser 500 $ pour sa BD de super-héros préférée, ou un adolescent pourrait dépenser 25 $ pour quelque chose qu'il pense être cool ou populaire en ce moment.

Mes recherches ont révélé qu'environ 10 % des traders réalisaient la majorité des transactions NFT. Cette situation n'est saine pour aucun marché. Dans les années à venir, espérons que les statistiques montreront un plus grand nombre de traders.

Le marché doit également se libérer de la domination excessive des célèbres collections (CryptoPunks, etc.). Elles représentent actuellement près de 50 % du marché des NFT. Outre leur domination du marché, les prix de vente moyens des collections sont hors de portée de l'investisseur moyen.

## C'est bel et bien arrivé !

Pour illustrer à quelle vitesse ce marché peut se retourner, l'une des plus grosses transactions de l'univers NFT a été réalisée, moins d'une semaine après que j'ai écrit le paragraphe précédent sur la nécessité de diversifier le marché. Yuga Labs, le propriétaire de la collection Bored Ape Yacht Club, a acheté les droits de la collection CryptoPunks à Larva Labs. La collection CryptoPunks était l'NFT le plus valorisé sur le marché.

## Le bon

L'acquisition transfère les droits de PI (propriété intellectuelle) et les droits d'auteur à Yuga Labs. L'histoire s'améliore pour les détenteurs de jetons car Yuga Labs a annoncé qu'ils leur donneront tous les droits commerciaux. Comme vous le savez maintenant, la norme dans l'industrie est qu'un jeton ne transfère pas les droits de propriété intellectuelle, etc. La signification pratique de ceci est que les propriétaires de jetons peuvent maintenant légalement monétiser leurs jetons en lançant leurs propres projets privés. Ces projets peuvent aller de l'habillement aux événements thématiques de la collection NFT.

## Le moins bon

Deux des collections les plus précieuses ont fusionné, ce qui entraîne une plus grande concentration sur le marché des NFT. Pour un secteur incroyablement jeune, une telle consolidation pourrait ralentir les innovations, dans le sens où moins de voix seront entendues, ou décourager les personnes qui cherchaient à entrer sur le marché, mais qui pourraient maintenant avoir l'impression qu'il est déjà trop tard.

## Quelle suite pour les investisseurs ?

Nous devrons attendre et voir comment ce marché continue d'évoluer. Comme les NFT sont fortement influencées par les artistes, des personnes qui, en tant que groupe, sont créatives, je m'attends à de nouvelles innovations au-delà de tout ce que je peux imaginer maintenant et bientôt !

# ÉTAPES À SUIVRE POUR FRAPPER VOTRE PREMIER NFT

Avant de conclure, je vais vous expliquer comment j'ai lancé ma propre NFTS et vous décrire, étape par étape, ce dont vous avez besoin pour vous lancer.

Lancer mon NFT a été relativement facile. La création d'un compte et la connexion d'un porte-monnaie cryptographique ont pris environ 5 à 7 minutes. Ensuite, le téléchargement des fichiers et le remplissage de la description de la collection NFT ont pris 20 minutes supplémentaires. Après cela, je pouvais commencer.

J'ai utilisé certaines de mes couvertures de livres pour créer des jetons d'utilité. Les NFT ne sont pas seulement des jetons de mes couvertures ; ils comprennent des services allant des cours aux conseils.

**Étapes à suivre pour frapper votre premier NFT**

- Un lien vers un portefeuille crypto
- Un nom pour votre projet
- Un lien vers votre page d'accueil
- Une brève description de votre collection
- L'offre de NFTs que vous allez créer
- Choisissez la blockchain sur laquelle vous souhaitez monnayer.
- Choisissez le type de jeton (art, utilité, objets de collection, etc.).
- Fixez un prix et déterminez le montant des redevances que vous souhaitez percevoir sur les reventes de vos NFT.

# CONCLUSION

Merci d'avoir été jusqu'au bout de ce livre, **Le Guide complet de l'investissement NFT**. Je tiens beaucoup à ce livre, car j'ai dû en réécrire certaines parties toutes les quelques semaines, car les faits changeaient constamment. Le monde des NFT est à son aube et est complètement ouvert aux innovations. J'ai rédigé d'autres livres sur la blockchain et les crypto-monnaies, et il est intéressant de voir ce mélange des différents mondes avec le métavers.

Mon dernier conseil est simplement de garder l'esprit ouvert aux opportunités. Même si personnellement vous n'aimez pas les NFT, rien ne vous oblige à mettre des barrières artificielles à quelque chose qui pourrait être un investissement à la fois rentable et amusant.

## Mes autres livres sur l'NFT

Mes autres livres sur la crypto - blockchain qui ont fait leurs preuves pour accompagner les professionnels et les investisseurs sont :

*The Next Level of Cryptocurrency Investing*

*Blockchain: Real-World Applications and Understanding*

# FICHE D'INFORMATION SUR LA BLOCKCHAIN ET LES CONTRATS INTELLIGENTS

## La blockchain

a blockchain est une technologie de registre distribué (Distributed Ledger Technology, DLT). Un grand livre distribué comprend des données répliquées, partagées et synchronisées, réparties géographiquement sur plusieurs sites, institutions ou pays. La DLT est la technologie sous-jacente du bitcoin et d'autres crypto-monnaies.

## Différents outils pour différentes personnes

Pour un spécialiste de la blockchain, les crypto-monnaies n'ont que peu d'importance car elle fait beaucoup plus ! D'ailleurs, certains blockchainers, comme j'aime les appeler, sont parfois agacés quand on évoque le sujet des crypto-monnaies lors de leurs événements.

La blockchain est, pour les amateurs de crypto-monnaies, l'épine dorsale technique des monnaies numériques. Les développeurs l'utilisent pour stocker des données sur un réseau distribué et, pour les futurologues, c'est un outil permettant de créer une société décentralisée.

## Les blocs de la blockchain

Chaque bloc d'un grand livre est relié au bloc précédent par un algorithme cryptographique appelé "hash". Les blocs liés forment une chaîne, d'où le terme "blockchain".

La blockchain est une forme de base de données distribuée, qui fonctionne sur la base d'un consensus. Les ordinateurs du réseau, appelés "nœuds", valident les transactions et les ajoutent à la blockchain. Faute d'une source centralisée pour vérifier les modifications, un algorithme de consensus distribué est utilisé pour harmoniser les nœuds afin que la même entrée soit faite dans chaque registre.

**La décentralisation** : Chaque partie d'une blockchain a accès à l'ensemble de la base de données et à son historique complet. Chaque partie peut valider les enregistrements de ses partenaires sans intermédiaire.

**L'immuabilité** : Chaque bloc possède un horodatage et un lien avec le bloc précédent. Les blocs sont résistants aux modifications. Une fois enregistrées, les données d'un bloc ne peuvent être modifiées rétroactivement sans l'altération de tous les blocs suivants. Des algorithmes sont déployés pour garantir que l'enregistrement dans la base de données est permanent.

**Transmission entre pairs (P2P)** : La communication se fait directement entre pairs, sans nœud intermédiaire.

**Programmable** : Les transactions peuvent être programmées. Les utilisateurs peuvent mettre en place des algorithmes et des règles qui déclenchent automatiquement des transactions entre les nœuds.

### Des contrats intelligents

Un contrat intelligent est un contrat à exécution numérique et un programme informatique qui est stocké à l'intérieur d'une blockchain. Il s'agit de la prochaine génération ou, comme certains le décrivent, de l'évolution des blockchains. Elle transforme la blockchain d'un système de grands livres distribués en une nouvelle façon de stocker, transférer et communiquer entre les parties d'un réseau.

Les termes de l'accord ou de l'opération sont inscrits dans des lignes de code qui sont exécutées lorsqu'elles sont déclenchées par certains événements. Les contrats peuvent être utilisés pour automatiser les opérations de base sur un réseau, supprimant ainsi le besoin d'un tiers de confiance.

**La preuve d'enjeu (PoS)**

La preuve d'enjeu (PoS) est une méthode de consensus sans mineurs. Les nœuds sont simplement sélectionnés pour le traitement des transactions sans avoir besoin de calculer et de résoudre des équations complexes. Dans un système de preuve d'enjeu, d'autres nœuds vérifieront le bloc. Pour éviter toute tricherie, les nœuds d'un système de preuve d'acceptation doivent bloquer une quantité spécifique de monnaie dans un coffre-fort virtuel. Cette monnaie est confisquée à titre de sanction si des irrégularités sont détectées. Ce processus est connu sous le nom de jalonnement et peut être considéré comme fonctionnant de manière similaire à l'extraction minière dans les systèmes de preuve de travail (PoW), mais sans l'énorme dépense d'énergie. Plus le nombre de devises mises en jeu par un nœud est élevé, plus il a de chances d'être sélectionné pour créer le prochain bloc.

Exemples de crypto-monnaies PoS : **Tezos, Ethereum**

Extrait de mon livre : **Blockchain : Applications et compréhension du monde réel (2018).**

# VOCABULAIRE DE BASE DU NFT, DU METAVERSE ET DES JEUX VIDÉO

Mon petit répertoire de mots nécessaires pour mieux comprendre l'écosystème NFT en constante évolution.

**Binance Smart Chain** – Une blockchain pour l'achat et la vente de NFT.

**Discord** – Une plateforme de messagerie instantanée très populaire auprès des amateurs de NFT.

**ERC-721** – La norme qui permet la création de jetons non fongibles.

**Ethereum** – Une blockchain avec une fonctionnalité de contrat intelligent.

**Flow** – Une blockchain lancée par Dapper Labs qui est conçue sur mesure pour les jeux et les objets de collection.

**Propriété fractionnée** – Permet d'obtenir des droits de propriété partielle d'un NFT. Les acheteurs peuvent acheter le montant qu'ils souhaitent ou ce que leur portefeuille permet. Les vendeurs peuvent vendre des parties d'une œuvre.

**Fongibilité** – C'est un bien ou une marchandise dont les unités individuelles sont échangeables. Par exemple, un kilo d'or pur est équivalent à tout autre kilo d'or pur. D'autres exemples de fongibilité sont le pétrole brut, les actions, les obligations, les devises. Un diamant ou une peinture ne le sont pas, car chacun est unique.

**Hashmasks** – Œuvres numériques créées par un collectif de 70 artistes de par le monde. Les Hashmasks sont spéciaux dans le sens où les consommateurs ont un certain degré de contrôle sur l'art. Selon Hashmasks, les détenteurs de jetons peuvent contribuer à l'achèvement du masque en lui donnant le nom de leur choix grâce au jeton d'échange de nom (NCT).

**Système de fichiers interplanétaire** - Une façon de stocker les données NFT.

Métadonnées - Ce sont les données qui définissent la propriété et différencient un NFT d'un autre. Les métadonnées peuvent être sur chaîne ou hors chaîne.

**MetaMask** - Portefeuille crypto qui sert de passerelle vers l'écosystème NFT. Il permet d'accéder à des applications NFT telles que OpenSea, Rarible et bien d'autres.

**NBA Top Shot** - Ce marché permet aux gens d'échanger des extraits de leurs matchs de basket préférés, tout comme vous le feriez avec des cartes de baseball ou de football. NBA Top Shot est une collaboration entre la National Basketball Association (NBA) et Dapper Labs.

**Nifty Gateway** - C'est un marché NFT populaire pour acheter et vendre de l'art numérique. Ils les appellent "Nifties", ce qui est leur façon de dire NFTs.

**Métadonnées sur chaîne** - Métadonnées placées dans un contrat intelligent.

Métadonnées hors chaîne - Métadonnées stockées hors de la chaîne de blocs.

**NFTs axés sur l'utilité** – Prochaine étape des NFTs, la présentation d'exemples d'utilisation pratique. Jusqu'à présent, certains ont été codés pour des événements ou des projets spéciaux, sur invitation uniquement. Les NFT de ce type ne sont qu'au début de leurs innovations.

# PROFILE DE L'AUTEUR

Wayne Walker est le directeur d'une société de formation sur les marchés financiers et cryptographiques mondiaux (gcmsonline.info). Il a plusieurs années d'expérience dans la direction et l'encadrement d'équipes de conseillers en investissement et a géré des équipes très performantes dans le groupe des clients privés sur la base des Bench Mark Earnings (BME).

# SOURCES

nterviews d'investisseurs NFT, conférence TEDx sur les avatars, L'avenir de l'investissement dans les crypto-monnaies, Blockchain : Applications et compréhension du monde réel (Wayne Walker), Linas Beliūnas de la Linas's Newsletter, Yahoo finance, nftfi.com, nonfungible.com, Kulturmonitor.dk, macabris.com, Twitter "NFTtheft", esports.net, Creatokia, IntoTheBlock, HBR.org

www.ingramcontent.com/pod-product-compliance
Lightning Source LLC
Chambersburg PA
CBHW051248160726
47994CB00003B/1076